LYRIKEDITION 2000

begründet von Heinz Ludwig Arnold †

Allitera Verlag

Siegfried Völlger, geboren 1955 im Bayerischen Wald, lebt in Augsburg. Nach einer längeren Berufsfindungsphase (Bauarbeiter, Fabrikarbeiter, Spüler, Krankenpfleger, Wirt ...) hat er die Berufung zum Buchhändler entdeckt. Erste Veröffentlichungen – Mundart-Gedichte – in den 70er-Jahren. Er veröffentlichte zahlreiche Gedichte in Zeitschriften und Anthologien. Beiträge u. a. in »bayerns bestes. Das Reise- und Genussmagazin«. Zusammenarbeit mit Fritz Keil, Komponist, Wien. Herausgeber bei Hanser/sanssouci, dtv.

Siegfried Völlger

(so viel zeit hat niemand)

Gedichte

LYRIK
EDITION
2000

Originalausgabe September 2018
Allitera Verlag
Ein Verlag der Buch&media GmbH, München

Gesetzt aus der Sabon LT
Printed in Germany
ISBN 978-3-96233-075-0

Allitera Verlag
Merianstraße 24 · 80637 München
Mail info@allitera.de
www.allitera.de

ich reise gern
mit bäumen
man kommt weit
mit bäumen
und mit
guter geschwindigkeit

aber ich habe immer
die hoffnung
eines tages
reise ich
mit steingeschwindigkeit

in ihrer eigenen mission
unterwegs

was für ein rundum
tröstender anblick
ein alleinstehender
stein

wenn ich
zu dem kleinen zen-garten
geh

wenn ich den stein da
liegen seh

ganz ruhig
und richtig

seh ich ihn so lange an
bis ich wieder ein paar nächte
ruhig liegen kann

BEKANNTSCHAFT

diese krähen
jeden morgen
vier drähte voll

manchmal gehen einige
vor mir auf dem weg

vielleicht erwarten sie
dass ich mich zu ihnen
auf den draht setze

SPUREN

allein über eine frische schneefläche
mir meine spuren zeigen

eine krähe begegnet mir
in ihrer eigenen mission unterwegs

wir nicken einander zu
in dieser schneewunderselbstverständlichkeit

ICH SEH

ich seh ein edelweiß
ich seh ein edelweiß

man könnte denken
ich wär auf einem berg

ich seh ein edelweiß
          ein edelweiß

ein traum meinen andere
          vom edelweiß

aber nein
ich sehs einfach

ich seh ein edelweiß
          ein edelweiß

da kriecht einer durchs gras
näherkommend bemerke ich
einen kleinen pinsel in seiner hand
und sehe
er bestäubt blüten

auf seinem hintern sitzt eine biene
sie zwingt ihn

in einem einkaufskorb
ein ganz gewöhnlicher korb
stabil, aber nicht auffällig
trägt er junge katzen
sie stammen aus verschiedenen würfen
für einen wären es zu viele

er geht schauend, suchend
witternd fast
und setzt an gefundenen
plätzen
jeweils eines der kätzchen aus

er hat sie gezüchtet
weil man ja etwas
für die hoffnung tun muss

eine katze auf einer wiese
sitzt, aufgeräumt und ordentlich,
starrt auf den boden

ich dachte immer
sie warten so auf mäuse

jetzt
weiß ich

sie beruhigt die erde

eine bewegung
sehr gleichmäßig
am feldrand

langsam erkenne ich einen hasen
er läuft gerade und ernsthaft
nur die beine bewegen sich
am ende des feldes angekommen
bleibt er einen moment ruhig
dreht um und läuft
mit der gleichen ruhe und ernsthaftigkeit
zurück

ein tapferer
die niedertracht
wird niemals siegen

für PEL

auf einem stoppelfeld
fern, ein einzelnes reh

aufmerksam, selbstbewusst, angstfrei
ein glückliches reh, denke ich

bevor ich sehe
    dahinter steht
        ein zweites

im radio immer noch
nachrichten

DIE WIRKLICHKEIT

sie ist hereingekommen
hat mich angesehn
gelächelt, sich neben mich
gesetzt und ist geblieben

so war immer der traum
die wirklichkeit
war ganz genauso

GNADE

es sind ja ohnehin
nur wenige tage
an denen ich mich so fühle:

Der König der Welt

kann sein jetzt,
ausgelöst durch die
frühlingsprotzerei
rundum

sitze ich da
und schau hinunter
(Der König der Welt
sitzt oben, jeder kanns sehn)

gut, dass du an so einem tag
vorbeigekommen bist
sonst hätt ich mich nie getraut
dir zuzunicken

KÖNIGSKINDER

falls ich
herausfinde
dass wir keine
königskinder sind

beginnt der brückenbau
sofort

steine, kiesel
aus bächen, flüssen
glatt und feingeformt

viele –
alle sind
sorgfältig gewählt
gewichtet

einmal werde ichs
wissen
welcher
es sein will

mit ihm
dir das fenster
einzuschmeißen
damit du licht hast

LIEBESZAUBER

ich hab ein wenig
liebeszauber gestreut

man streut ihn
wie hühnerfutter

und ertappt sich,
unvorsichtig geworden,
auch selbst
auf den knien

die krähen
langsam voran pickend
sie verbeugen sich
sagst du

und meinst ich
mache sie nach
nicht sehr lustig

dabei nutze ich
nur die gelegenheit
und verbeuge mich
vor dir

GEIRRT

du hast gedacht
du kannst dich
verstecken
in dieser
frauenhorde

ich verwechsle dich
nicht

da müsstest du
aufhören zu leuchten

die hände
treffen sich
deine rechte
meine linke

dein mund und meiner
leicht nur
nicht kurz

ansehen dann
erstaunt
einverstanden

wieder
dein mund und meiner

im radio
immer noch nachrichten

ich weiß wenig über dich
aber einfache logik hilft

an jedem punkt des lebens
ist schutz notwendig

ich kaufe die größte bettdecke
dir eine höhle damit zu bauen

falls sie zu groß sein sollte:
ich sitze auf der bettkante

LIEBE

noch ist es nicht gesagt
aber jetzt,
so erschöpft
sind nur kurze worte möglich

wir werden
all unsere liebe geben

all unser geld werden wir drauflegen
essen, kleidung, das wertvollste
alles, leicht, werden wir geben
und oben drauf
werden wir all unsere liebe geben

dann werden wir schreien
        schreien
    und schreien
und nie mehr aufhören

komm, wir schreiten, schreiten, ja, schreiten
zierlich, wie mans nicht denken würde, von uns
wenn wir schreiten, so unvermutet, beginnen seltsame zeiten
es wird reihen geben, menschenspaliere, und schau, sie tuns

wir, so stark, neu, den höhlen entkommen
den äußeren, vor den inneren auf einer zähen flucht
es ist nicht anders zu nennen, nur dieses wort: wonnen
ein tanzschritt sogar, dazwischen, wir haben so lange gesucht

wir entkommen jedem zwang
und alle abscheulichkeiten werden gehen
und nie mehr, nie, sind wir bang
lass es regnen und den wind wehen

lass den regen
lass den regen in ruhe
er fällt nur

ihn umlenken wird schwer
wird für immer dauern

und ich werde dich
nie mehr sehen

was soll ich davon halten
dass meine nase seit zwei tagen
rot leuchtet?

es könnten
abschiedsblinkzeichen sein
oder
ich soll gefunden werden

als unordentlicher rest

die erste große liebe
dauerte neun jahre

von einem dorf zum nächsten
waren es nur vier kilometer

gut zu gehen auf
waldwegen, feldwegen
und oft in der mitte treffen
etwas näher bei ihrem dorf

dort wo dann die autobahn
gebaut wurde
auf der ich jetzt in nur sechs stunden
meine zweite große liebe erreichen kann

in den niederländischen bergen
das erzählt man den kindern hier
werden aus steinen räder geschmiedet
von ganz engelhaften wesen

und man kann an den eingängen
der wasserschluchten
wenn man für tauglich befunden wird
sich eines abholen

und an den besonderen tagen
sieht man eines dieser wesen
von denen gesagt wird
dass sie in dem moment des gesehn werdens
zu glücklichen holländischen mädchen werden

daher also
meine lebenslange sehnsucht nach holland

Sie

Ich seh sie oft auf dem Stadtplatz stehen
Sie muss mindestens fünfzehn sein
Sie wird von allen und mir gesehen

Über ihr sitzen in den Bäumen Krähen
Der Pfarrer sagt so denkt man unrein
Ich seh sie oft auf dem Stadtplatz stehen

Sie wird getroffen und muss sich drehen
Wir tun so als wäre es ein Stein
Sie wird von allen und mir gesehen

Es sind Krähen die ihre Brut pflegen
Und ich gehöre zum Heldenverein
Ich seh sie oft auf dem Stadtplatz stehen

Und werde ihr einfach einen Schirm geben
Ein großer Beginn, nie mehr klein
Und ich werde von allen und ihr gesehen

In dem Moment endet das triste Leben
Krähenbäume helfen Leben drehen
Sie wird nicht mehr auf dem Stadtplatz stehen
Und für drei Jahre hab ich nur sie gesehen

VEREHRUNG

ich habe sie einfach verehrt
sie sogar manchmal
selten, leise, nur nachts
göttin genannt

im sommer waren wir
auf einer griechischen insel
es gibt dort einen großen tempel
das heiligtum
der obersten göttin

ich hatte
etwas ungenaue pläne
von erklärungen und anträgen
die ich dort
am tempel der göttin
abgeben wollte

sie ist
auf einen der säulenreste geklettert
hat sich aufgerichtet

und mit einer kleinen handbewegung
vielleicht einem winken

war sie verschwunden
sicher ist sie bei
den anderen unsterblichen

romantisch
dachte sie,
hoffte sie

hier, nachts, auf der brücke
über den bahngleisen
stadtlichter dahinter,
frühlingsluft rundherum

später hat sie
ihre brüste vergrößern lassen

geheiratet hat sie nicht

GRANDEZZA

und schreiten kommt sofort in den sinn
wenn man sie gehen – schreiten – sieht

schwingendes, lockeres kleid
barfuß, in der hand einen schuh
vermutlich der linke
soweit mans erkennen kann
haltung, wenn auch, mehr spürbar als sichtbar,
mit einiger mühe

wo kommt sie her?
ist es der heimweg oder
neue ziele voraus?

dann fällt sie
und der schädel platzt

dass man so etwas nie wieder sehen muss
bleibt als wunsch
(freude und würde kann man nicht erkennen
am offenen hirn)

bald beginne ich mit der übersetzung
jetzt, allmählich verstehend,
sie wird funkeln, sprühen
eine ballade mit tiefe und gewicht
und voller grandezza

DAS GANZE GLÜCK

er hat das glück gefunden
nur kurz angehalten
am see, in einem dorf
sie hat den kaffee serviert
und ist in seinen gedanken geblieben
nur fünf besuche später,
es ist alles protokolliert,
ist er zu ihr gezogen
an den see, ins dorf
eine größere liebe gibt es nicht

das ist das ganze glück

nur
drei stunden jeden tag
auf den see schaun
bleibt als unordentlicher rest

aussicht

fast tote menschen
schon hier
dabei ist das erst
der bahnhof

da wenn man noch
umkehren könnte

gestern habe ich gott gefunden
ganz überraschend
und sie waren zu zweit
der kleinere am rand

eine unvorstellbare plötzlichkeit
ein erlösungswissen
kein zweifel mehr notwendig

das kann man gut
trostbedürftigen erzählen

diese mörder überall
und dass die natur
uns nicht mag

daran haben wir uns gewöhnt
das nimmt dir kaum
noch jemand übel

aber dass du uns
nicht davor bewahrst
dass wir uns immer wieder
dermaßen lächerlich machen
das ist unverzeihlich

die sonne geht nicht mehr unter
an der tag- und nachtgleiche
klemmen die toten

Jesus irrt herum, allein,
er ist zu spät, er hätte
gerne nochmal erlöst

sie gehen paarweise
kommen in einer langen reihe

niemand erinnert sich
so etwas jemals gesehen zu haben

im schnee, beleuchtet
von fackeln und nur teilweise sichtbar

immer paarweise
auf dem weg in die kirche

erst als sie Noah nicht finden
löst sich die steife ordnung

wir überspringen die sintflut
und bleiben gleich zur christmette

mond
treibe ich vor mir her

kleine rädchen
so liegt er auf dem weg

er hat keinen gott
weiß er

so wird das leben
oft noch nützlich

während wir noch herumzogen
nur die ganz menschlichen
schandtaten begehend
war gott schon tot

erst als wir davon erfuhren
begannen wir
schandtaten, einzelne nur
anfangs, zu meiden

die schandtaten, die menschlichen
göttliche gab es schon nicht mehr
verkümmerten, draußen, weit
unbeachtet, ungenutzt alle

die werkzeuge zur abwehr des entsetzens
müssen gepflegt werden, instand gehalten
sind ständig notwendig

ganz umgeben müssen wir davon sein
jeden tag beginnt der kampf aufs neue
alle sind notwendig

manchmal sieht man
wo
das entsetzen gewonnen hat

wir mußten noch
gut und böse
neu verteilen
nachdem alles andere erledigt war
aber wir waren zu stark

wir waren zu stark
und mussten schließlich aufgeben

gut und böse
sind unverteilt geblieben

GUTSEIN

man nimmt eine stange weißbrot
eine hälfte wird gegessen, belag egal

für die andere hälfte empfehle ich lachs
lachsscheiben, geräuchert oder gebeizt,
er hat hervorragende flugeigenschaften

man nutzt das halbe weißbrot
wie eine schleuder und die
lachsscheibe fliegt leicht

über garten und gartenzaun,
man muss ein wenig üben,
die draußen stehenden warten

wie froh er war
als er begriff
dass er kein hiob war

keine kinder verlieren würde
kein vermögen, kein aussatz

da war einfach niemand
der auf ihn
gewettet hätte

wenn wir ein silberfischchen
ertappen, nachts, vom licht überrascht
ist es gut, sich zu setzen,
der hauptgrund unserer anwesenheit,
jetzt im kleinen raum
und über die langlebigkeit
von silberfischchen nachzudenken

das inzwischen
einen ausweg gefunden hat
und uns mit unserem spiegelbild
allein lässt

WEG

auf dem weg
an der friedhofsmauer entlang

hören wir deutlich gesang
von drinnen

nicht traurig

trotzdem
gut, dass wir draußen sind

TÜRKIS

über der
lärmschutzmauer
türkis

alles dahinter
ist für immer
unsichtbar

bäume, höfe
wiesen, hasen
wunschwege
wichtige steine

jetzt
scharf begrenzt nach unten
durch die neue mauer
zeigt der himmel sich
türkisfarben

sichtbar
ist da offen

ich könnte durch
oder
es könnte herauskommen

ich habe versäumt
mich vorzubereiten

ich kann nur raten
nicht nachlässig zu sein
kein zögern
wenn der himmel türkisfarben ist

NICHT

ich komm da nicht raus aber sterben will ich nicht
er ist schwarz und hat einen rand der ist rot
plötzlich ist es aus und er stellt sich vor das licht

es sind nicht nur die augen, er verstellt die sicht
ich erkenn ihn sofort, er will mich tot
ich komm da nicht raus aber sterben will ich nicht

kein widerspruch zugelassen, kein gericht
trotzdem, ich mach ein angebot
plötzlich ist es aus und er stellt sich vor das licht

ich überrede ihn, wenn er mit mir spricht
ernsthaft und mutig, keinesfalls devot
ich komm da nicht raus aber sterben will ich nicht

er ist ruhig, sicher, nicht nötig, dass er spricht
neugierig bin ich, scheint er hat ein boot
plötzlich ist es aus und er stellt sich vor das licht

ohne rücksicht jetzt, schnell und schlicht
kein ausweg, nirgends, in dieser not
ich komm da nicht raus aber sterben will ich nicht
plötzlich ist es aus und er stellt sich vor das licht

für Anja

AUSSICHT

auf dem rückweg
von der beerdigung
wird schon getanzt

erleichterung darüber
dass es ein anderer war
dass es vorbei ist

und
dass der beste platz
auf dem friedhof
noch zu haben ist

wenn man getreide niedertrampelt

aus der haustür
auf den weg machen
zum briefkasten

fünf bis sieben minuten
den brief nach hause
in der jackentasche

bericht und kleine wahrheiten
aus fremden gegenden und gedanken
im brief ohne empfänger

LAND, LEBEN

sie lassen dich das alles tun
dort auf dem land

ein haus kaufen, einen hof
hunde halten, jäger werden

sonderbare kleidung tragen
und seltsame kräuter ziehen

mittrinken, reden
auch im verein sein

scheinbar richtig leben

sie lassen dich das alles tun

wenn man getreide niedertrampelt
        kommt die polizei

wenn man getreide niedertrampelt
        tritt man auf ein reh

wenn man getreide niedertrampelt
        trifft man Robin Hood

jetzt wirds ernst

BIER

es ist davon auszugehen,
die entwicklung ist rasant,
dass ich hundertzwanzig jahre alt werde

jeden tag stehen mir drei bier zu
eines mittags, zwei am abend

wenn ich aber, so vermute ich stark,
spüre ich, jenseits der sechzig
keine rechte freude mehr am bier habe
wäre der rest verschwendet, vergeudet

also gebe ich mir mühe
das mir zustehende
jetzt, jeden tag, sehr gründlich
abzuarbeiten

wir fressen und saufen bis wir umfallen
dann bleiben wir liegen und haben angst

aber es passiert nie etwas
und sobald wir wieder können
tun wir alles was möglich ist

auf der wiese sind
maulwurfshügel zu sehen
eine gerade reihe
begrenzt nach einer seite

hier stand ein römisches gutshaus
die mauern noch im boden
die luftbildarchäologie
hat das gezeigt

ein großer hof
vermutlich ein großer herr
bewirtschaftet von sklaven

kämen haus, herr, sklaven
durch einen zeitsprung zurück
in der gegenwart an
sie würden kaum
unterschiede bemerken
außer im transportwesen
und dem einsatz von kunstdünger

weiter, weiter
licht her, mehr

lämpchen, lampen
scheinwerfer … alles …
sogar die sonne

alles
sehen, zeigen
sichtbar machen

und endgültig erschrecken

damit wir freunde bleiben können
müssen wir gehen
(jeden tag drei stunden)
(so viel zeit hat niemand)

HEIMATERINNERUNG

vierzehn kilometer entfernt
also noch zu fuß erreichbar

war eines der tore zur hölle
das wusste man schon immer immer

den teufel hat man oft
dort gesehn und seine begleiter

deswegen war es auch
weitum warm zuhause

ich hab ja nie was vergessen
ich vergesse ja nie was

vergesse ich je was?
nie hab ich was vergessen

ich fange damit nicht an
vergessen lohnt nicht

vergessen ist schon gut oft
genug wärs das ich vergessen könnt

wer vergisst denn leicht
wenn vergessen so leicht wär

alles behalten und nichts wird
vergessen, alles bleibt

ich könnte anfangen zu vergessen
absichtlich kann ich vergessen

gäbe es nicht genug
vergessen darf ich genug

aber ich vergesse ja nichts
nichts vergesse ich leicht

wer vergisst denn leicht
wenn vergessen so leicht wär

alles weg was nicht wichtig
das darf ich, weg mit dem ballast

wie leicht wirds mir werden
wenn nur das wichtige bleibt

wenn ich dann einmal
vergesse was ich vergessen hab

wer vergisst denn leicht
wenn vergessen so leicht wär
bis ich vergesse was ich vergessen hab

nicht zu viel unordnung hinterlassen

die trompete wird dir
unglück bringen
alles auf die trompete setzend
da musst du verloren gehen

am letzten tag nutzen sie posaunen
die wirst du überhören
immer noch
hinter der trompete herlaufend

alle werden gerichtet sein
es wird vollständig leer

nur du
und die trompete

KÄLTESUCHE

I
auf dieser station
sind die selbstmörder versammelt

lebhaft und leidenschaftlich
wird besprochen und vorgezeigt
methoden und narben
ernst und prahlerisch

es könnte sich um
eine königswahl handeln

II
erfrieren sagt einer
mit einer flasche schnaps
in den schnee legen

nicht zu viel
unordnung hinterlassen
einschlafen und weg und ruhe

III
aber es war frühling
schnee kälte eis
nicht zu haben auf hunderten von kilometern

es blieben nur
ein paar unregelmäßige narben
und für kurze zeit
die selbstmörderische königswürde

kannst du dich noch erinnern
wie es war als der wein noch geschmeckt hat

weißt du noch wie oft
wir gelacht haben nach einem glas

weinst du oft
wenn du die blauen flecke an dir siehst

und wie wir reden
jetzt, und wie früher, weißt dus noch

gibst du auf
jeden tag, schon ohne widerstand

BÄRENFLUG

er wird eine weile gesessen sein
auf unserem alten
lieblingsplatz neben
dem dachfenster

bevor er abgeflogen ist

die bierflasche abgestellt
die zigarette ausgedrückt
einen moment gestanden
dann leicht und elegant

losgeflogen
nicht
unförmig und schwer
nicht
unabsichtlich gefallen

wieviel rothaarigkeit bleibt
                    (ist dir geblieben)
nach dreißig jahren?

wenn das herunterkommen
auf der treppe
                    (ich sitze nicht mehr
               am selben tisch)
langsam ist und die
kurzatmigkeit neue gründe hat

aber die bilder der katzen
          (elf und neunzehn jahre tot)
immer deutlicher werden

endlich genug getrunken
endlich betrunken genug

jetzt noch superheldin sein
das erklärt die blauen flecken

dann weiter
den rest des weges fliegen

DER GUTE SCHNEE

nicht der harte in den bergen
der lawine werden kann

der mittelgebirgsschnee
im mittelgebirgswald

wo es so still ist dass man
die flocken ankommen hört

dort wo erst in der nacht
die richtigen minusgrade kommen

die helfen
unter dem baum sitzen zu bleiben

er hat sich unter
die überhängende felswand gesetzt

dort muss er etwas
steinerweichendes getan haben

ein laden
für gefälschte madonnen

wir kennen
voneinander
alle geheimnisse

jetzt beginnt freiheit

ach kinder ihr wisst einfach nicht
wie schön es gewesen ist

wir haben rucksäcke
voller frösche eingesammelt
und die mädchen haben sie geküsst

wir hatten eine unglaubliche menge prinzen
ich müsste mal nachschaun
es könnten noch ein paar da sein

die elefanten sind etwas klein
die edelweiß schon müde
verlassenheit ist weit sichtbar

und noch andere dinge
arrangiere ich neben dem weg

es wird ein echter
abenteuerspaziergang
am sonntagnachmittag

IMMER HAB ICH SCHÄTZE GESUCHT

die seele gab wenig her
segeln macht einsam
karten sind ungenau

endlich genug angesammelt
eine wiese zu kaufen
und zwei sehr solide schaufeln
dazu die leiter

auf einer hälfte der wiese
werde ich graben
die andere hälfte wird bergig

so zielgerichtet
beginnt ein völlig gelassenes
schatzsuchen

ich hätte so gern glück
ich wünsch
es mir so sehr
einfach glück haben

nicht ruhm und geld
sondern glück
richtig glück

einmal
wenigstens
überraschend und großartig
wie glück
eben sein kann

das wünsch ich mir
schon immer

gebt mir nur leichte sachen, freunde
plunderstückchen, schaumgebäck,
luftiges im blätterteig

ganz verzichten will ich nicht
aber heute kann nichts passieren

nur wenig schwerer als luft
werde ich fliegen

schaut mal später auf
äste, drähte, dachfirste

das schwarze bin ich
aber winkt mir nicht

Ziegenlippe! Ich höre das ganz deutlich
Er tanz-schlurft an mir vorbei, singt
Es gibt nichts das ähnlich klingt
Aber ist das freundlich oder feindlich?

Lieber wäre mir ein vertrautes Wort wie Freiheit
Abschied geht auch, sind nah verwandte Worte
Freiheit und Abschied, das sind Schwertransporte
Bewahrt mich die Ziegenlippe vor Absolutheit?

Weil doch immer alles so leichtfällt, Abschied,
Freiheit, spüre ich noch einen Unterschied?
Oder ist Ziegenlippe Ziegenlippe leicht und richtig?

Sofort soll ein Experiment beginnen, Freiheit
Genau beobachtet, was ist mit der Abschiedsfähigkeit?
Oder ess ich Torte und finde das genau so wichtig?

die trauer
die du aus
dem tag mitnimmst

die nacht heilt sie ganz
ein wenig müdigkeit
bleibt am morgen

eine kleine verwunderung
bemerkst du manchmal
um mitternacht
ein stocken, zögern
in der trauerheilungsarbeit

aber du lässt es unbeachtet
nicht jedes zögern
hat anspruch auf beachtung

wenn die trauer größer
die heilung schwerer wird

kann es sein
dass aus dem
mitternachtszögern
das geisterstundengespenst
erscheint

es macht keine große szene
ist ja seine aufgabe
dich aufzuwecken zum leben

jauchzend wirft er sich
ins streifenhörnchenkostüm
schon gegen halb elf am vormittag

leise, er fühlt nur das
jauchzend

was für ein glück
tief innen

wie groß!
das streifenhörnchenkostüm

es ist nicht für kostümfeste

es wird verliehen

auf meine behauptung
»Ich bin als Schweizer verkleidet!«

schweigen
ohne weitere eigenschaften

wie oft –
schweigen

ein laden für
gefälschte madonnen
mit sehr würdevoll
gestaltetem ladenschild

der erfolg riesig
die nachfrage immens

so dass madonna selbst
alle gefälschten
in echte verwandelt

EIN WACHSENDES WOLLEN

schon immer bewundere ich
den pathetischen elan
in vielen gedichten

o würde, o glück, o welt

und wollte einfach gern
in einem gedicht das o unterbringen
es ist ja kein kleiner schritt
hinüber ins pathosland

o leben, o fernes land, o du

der mut hat mir gefehlt
zu all den anderen mängeln
käme noch die o-schwäche

gegen alte wünsche

o wahn, o wahrheit

sie nähert sich schon
gelassen, vertraut, selbstbewusst
die melancholie

da spüre ich
wehrlos und andächtig
wie mir ein lachen aufsteigt
kitzelnd im hals und laut

laßt uns kleine persönliche
gedichte schreiben
in denen wir von uns erzählen

nicht vom töten
vom hungrig machen
von der welt

nur von uns erzählen
persönliches
bescheiden und wahr

doama gloane
ganz unsrige
sachan afschreim
woma blos vo uns vozejn

ned vom umbringa
vo de hungrign
vo da wejd

ganz vo uns vozejn
vo uns
gloa
blos hoid woa

Inhalt

als unordentlicher rest

aussicht

wenn man getreide niedertrampelt

nicht zu viel unordnung hinterlassen

ein laden für gefälschte madonnen

Weitere Titel in der Lyrikedition 2000:

Ludwig Steinerr

Briefleserin in Blau

Gedichte zu Vermeer. Mit einem Vorwort von Bernhard Maaz

Das weltberühmte Gemälde »Briefleserin in Blau« des niederländischen Malers Johannes Vermeer (1632–1675) wird im Sommer 2018 in der Alten Pinakothek, München zu Gast sein. Aus diesem Anlass erscheint Ludwig Steinherrs Gedichtband »Briefleserin in Blau«, das eine Auswahl an Vermeer-Gedichten versammelt. Steinherrs Werk ist wie kaum ein anderes der Gegenwartslyrik von Vermeer inspiriert. Der Band „Briefleserin in Blau“ spannt einen Licht-Bogen von der Malerei zur Poesie – und über Steinherrs Schreiben aus drei Jahrzehnten.

40 S., Hardcover, ISBN: 978-3-96233-062-0

Steinherr, Ludwig
MEDUSEN
Gedichte
132 S., Hardcover, ISBN 978-3-96233-056-9

Steinherr, Ludwig
LICHTGESANG. LIGHTSONG
Translated by Paul-Henri Campbell
40 S., Hardcover, ISBN 978-3-96233-033-0

Lorenz, Sabina
WIE WIR #BINDEN, WIE WIR #VERSCHWINDEN
Gedichte
80 S., Paperback, ISBN 978-3-86906-944-9

Dove, Richard
DIE ZWEI JAHRESZEITEN
Gedichte
148 S., Paperback, ISBN 978-3-86906-935-7

Zimmermann, Carsten
AM HELLEN RAND
Gedichte
104S., Paperback, ISBN 978-3-86906-936-4

Reimfrei
ELF NACH ELF
Gedichte
92 S., Paperback, ISBN 978-3-86906-900-5

Fues, Wolfram Malte
SKALPESKALPELLE
Gedichte
128 S., Paperback, 978-3-86906-854-1

Schoof, Renate
IMMER MEER
Gedichte
116 S., Paperback, 978-3-86906-853-4